♥ _____ 의 감사 일기

언제나 저희와 함께하시는 주님,

저는 성경을 통해 주님의 사랑을 마음에 새기고
항상 모든 일에 감사하는 습관을 들여
주님과 더욱 가까워지고자 합니다.
주님, 이러한 마음을 보시어 저를 당신께
인도해 주시고 제가 항상 당신 품 안에 머물도록
은총을 베풀어 주소서.
아멘.

감사 일기,
매일 작은 기적을 경험하는 방법!

♥ **매일 감사 일기를 쓰다 보면**

　작고 사소한 것에도 감사하는 마음이 생기고, 이전과는 다른 눈으로 삶을 바라보게 됩니다. 주변에 감사한 일이 많다는 것을 알게 되면 행복해지고, 행복한 마음은 일이나 인간관계에도 좋은 영향을 줍니다.

♥ **매일 감사한 일이 없을 수도 있습니다.**

　하지만 반복되는 일상에 힘든 하루일지라도 감사한 일을 찾다 보면, 어느새 마음에 긍정적인 생각이 피어날 것입니다.

♥ **매일 성경 말씀과 함께하며**

　《오늘 감사 노트》를 써 보세요. 모든 일 안에서 하느님께 감사하게 되고, 그분이 늘 우리와 함께하심을 깊이 느낄 수 있습니다.

《오늘 감사 노트》, 이렇게 사용하세요!

step1 ♥ 오늘의 날짜를 기록합니다.

노트를 작성하는 날짜를 쓰고, 시작 기도를 바칩니다. 이 시간을 통해 모든 일에 감사하는 습관을 들이고 주님과 더 가까워질 수 있도록 청해 보아요.

step2 ♥ 매일 성경 말씀을 읽고 묵상해 보세요.

하느님의 말씀을 천천히 읽어 봅니다. 말씀을 따라 오늘을 잘 살았는지 묵상해 보고, 하루 동안 감사한 일을 떠올려 봅시다.

step3 ♥ 감사한 일 세 가지를 적어 보세요.

감사한 일 각각의 제목을 적어 봅시다. 그리고 장소, 사람, 상황 등을 떠올리며 구체적으로 내용을 작성합니다. 작고 사소하게 느껴지는 것에서도 감사한 일을 찾아보세요. 억지로 세 가지 내용을 작성하지 않아도 괜찮습니다. 혹시 무엇을 쓸지 잘 떠오르지 않는다면 스스로 질문을 해 보세요.
- 오늘 고마운 사람이 있었나요?
- 오늘 나를 미소 짓게 한 일이 있었나요?
- 오늘 기운을 북돋아 준 말 한마디가 있었나요?
- 오늘 어려움을 잘 해결한 일이 있었나요?

step4 ♥ 오늘 하루를 간단하게 정리합니다.

오늘 하루를 어떻게 보냈는지 생각해 보고 지금 내 마음을 자유롭게 기록합니다. 하느님께 바치는 기도를 적어도 좋습니다.

step5 ♥ 오늘 하루를 마무리하며 기도합니다.

성경 말씀을 다시 한번 읽고 마침 기도로 '저녁 기도'를 바칩니다. 오늘 나에게 일어난 일 모두 하느님께서 알고 계십니다. 오늘 하루 고생한 나를 스스로 토닥이며, 무사히 하루를 보낼 수 있도록 이끌어 주신 주님께 감사드려요. 내일은 '아침 기도'를 바치고 활기차게 하루를 시작할 수 있도록 다짐하며 잠자리에 듭시다.

♥ 《오늘 감사 노트》 작성 예시

Day1 2022 / 10 / 24 / 월

> ♥
>
> 모든 일에 언제나 우리 주 예수 그리스도의 이름으로 하느님 아버지께 감사를 드리십시오.
>
> 에페 5,20
>
> 1. 오늘 지갑을 잃어버렸지만 무사히 찾았다.
>   정신없이 출근하다가 뒤늦게 지갑을 잃어버린 것을 알았다. 하지만 내 곁에도 천사가 있었다. 지갑을 찾아 연락 주신 분에게 너무 감사하다.
>
> 2. 팀장님에게 칭찬을 들었다!
>   계속 되는 야근에 너무 지치고 힘든데, 오랜만에 칭찬을 들었다. 지금 내게 꼭 필요한 한마디를 건네준 팀장님에게도 누군가 힘을 줬으면!
>
> 3. 친구에게서 반가운 연락이 왔다.
>   몇 년 동안 연락이 없던 친구에게 전화가 오다니, 반가운 마음에 심장이 쿵쿵 뛰었다. 주님, 친구를 다시 만날 수 있게 해 주셔서 감사합니다!

내 마음 기록하기

지갑을 잃어버리고 우울하게 시작한 하루였지만, 결국 지갑도 찾고 좋은 말도 많아 행복한 시간이었다. 몸은 힘들지만 열심히 걸한 보람을 느끼는 요즘이다. 곁에서 나를 응원해 주는 사람들이 있어 정말 감사하고, 행복하다!

♥

어떤 기도

이해인

적어도 하루에
여섯 번은 감사하자고
예쁜 공책에 적었다

하늘을 보는 것
바다를 보는 것
숲을 보는 것만으로도
고마운 기쁨이라고
그래서 새롭게
노래하자고……

먼 길을 함께 갈 벗이 있음은
얼마나 고마운 일인가
기쁜 일이 있으면
기뻐서 감사하고
슬픈 일이 있으면
슬픔 중에도 감사하자고
그러면 다시 새 힘이 생긴다고
내 마음의 공책에
오늘도 다시 쓴다

아침 기도

○ 하늘에 계신 우리 아버지,
아버지의 이름이 거룩히 빛나시며
아버지의 나라가 오시며
아버지의 뜻이 하늘에서와 같이
땅에서도 이루어지소서!
● 오늘 저희에게 일용할 양식을 주시고
저희에게 잘못한 이를 저희가 용서하오니
저희 죄를 용서하시고
저희를 유혹에 빠지지 않게 하시고
악에서 구하소서.
◎ 아멘.

✚ 우리 주 하느님께 권능과 영광
지혜와 굳셈이 있사오니
찬미와 감사와 흠숭을 영원히 받으소서.
◎ 아멘.

✚ 전능하신 하느님,
오늘도 저희 생각과 말과 행위를
주님의 평화로 이끌어 주소서.
◎ 아멘.

◎ 하느님, 저를 사랑으로 내시고
저에게 영혼 육신을 주시어
주님만을 섬기고 사람을 도우라 하셨나이다.
저는 비록 죄가 많사오나
주님께 받은 몸과 마음을 오롯이 도로 바쳐
찬미와 봉사의 제물로 드리오니
어여삐 여기시어 받아 주소서.
아멘.

저녁 기도

✚ 주님, 오늘 생각과 말과 행위로 지은 죄와
의무를 소홀히 한 죄를 자세히 살피고
그 가운데 버릇이 된 죄를 깨닫게 하소서.
〈잠깐 반성한다.〉

◎ 하느님,
제가 죄를 지어
참으로 사랑받으셔야 할
하느님의 마음을 아프게 하였기에
악을 저지르고 선을 멀리한 모든 잘못을
진심으로 뉘우치나이다.
하느님의 은총으로 속죄하고
다시는 죄를 짓지 않으며
죄지을 기회를 피하기로 굳게 다짐하오니
우리 구세주 예수 그리스도의 수난 공로를
보시고 저에게 자비를 베풀어 주소서.
아멘.

○ 하느님, 하느님께서는 진리의 근원이시며
그르침이 없으시므로
계시하신 진리를
교회가 가르치는 대로 굳게 믿나이다.

● 하느님, 하느님께서는 자비의 근원이시며
저버림이 없으시므로
예수 그리스도의 공로를 통하여 주실
구원의 은총과 영원한 생명을 바라나이다.

○ 하느님, 하느님께서는 사랑의 근원이시며
한없이 좋으시므로
마음을 다하여 주님을 사랑하며
이웃을 제 몸같이 사랑하나이다.

✚ 하늘에 계신 우리 아버지,
오늘 하루도 이미 저물었나이다.
이제 저희는 구세주 예수 그리스도를 통하여
모든 천사와 성인과 함께 주님을 흠숭하며
지금 이 순간까지 베풀어 주신
주님의 사랑에 감사하나이다.
◎ 아멘.

✚ 전능하신 천주
〈십자 성호를 그으며〉
성부와 성자와 성령께서는
저희에게 강복하시고 지켜 주소서.
◎ 아멘.

Day 1   /   /   /

♥

모든 일에 언제나 우리 주 예수 그리스도의 이름으로 하느님 아버지께 감사를 드리십시오.

에페 5,20

1.

2.

3.

내 마음 기록하기

Day2　　　　/　　　/　　　/

♥

의인에게는 빛이, 마음 바른 이들에게는 기쁨이 뿌려진다. 의인들아,
주님 안에서 기뻐하여라. 거룩하신 그 이름을 찬송하여라.

시편 97,11-12

1.

2.

3.

내 마음 기록하기

Day3   /   /   /

♥

저 높은 곳도, 저 깊은 곳도, 그 밖의 어떠한 피조물도 우리 주 그리스도 예수님에게서 드러난 하느님의 사랑에서 우리를 떼어 놓을 수 없습니다.

로마 8,39

1.

2.

3.

내 마음 기록하기

Day 4   /   /   /

♥

저는 당신의 이름을 끊임없이 찬미하고 감사의 노래를 읊었습니다. 그러자 제 기도를 들어주셨습니다.

집회 51,11

1.

2.

3.

내 마음 기록하기

Day 5   /   /   /

♥

나는 너희에게 평화를 남기고 간다. 내 평화를 너희에게 준다. 내가 주는 평화는 세상이 주는 평화와 같지 않다.

요한 14,27

1.

2.

3.

내 마음 기록하기

Day 6　　　　／　　　／　　　／

♥

감사드리며 그분 문으로 들어가라. 찬양드리며 그분 앞뜰로 들어가라. 그분을 찬송하며 그 이름을 찬미하여라.

시편 100,4

1.

2.

3.

내 마음 기록하기

Day 7   /   /   /

♥

첫째는 이것이다. '이스라엘아, 들어라. 주 우리 하느님은 한 분이신 주님이시다. 그러므로 너는 마음을 다하고 목숨을 다하고 정신을 다하고 힘을 다하여 주 너의 하느님을 사랑해야 한다.' 둘째는 이것이다. '네 이웃을 너 자신처럼 사랑해야 한다.' 이보다 더 큰 계명은 없다.

마르 12,29-31

1.

2.

3.

내 마음 기록하기

♥

작은 소리로,
그러나 온 마음을 담아
말하는 "감사합니다."는
한순간이나마 천국의 문을 열 수
있을 만큼의 대단한 힘을 가지고 있다.
그 외에도 소중한 말,
아름다운 말이 많이 있지만,
"감사합니다."라는 말에는 미치지 못한다.
다른 말들은 무언가를
표현하기 위한 것이지만,
이 말은 그 자체로 성립하는 듯하다.

하레사쿠 마사히데 신부의 《나를 살리는 말》 중에서

Day 8　　　/　　　/　　　/

♥

여러분은 모두 빛의 자녀이며 낮의 자녀입니다. 우리는 밤이나 어둠에 속한 사람이 아닙니다. 그러므로 이제 우리는 다른 사람들처럼 잠들지 말고, 맑은 정신으로 깨어 있도록 합시다.

1테살 5,5-6

1.

2.

3.

내 마음 기록하기

Day 9   /   /   /

♥

행복하여라, 마음이 깨끗한 사람들! 그들은 하느님을 볼 것이다.

마태 5,8

1.

2.

3.

내 마음 기록하기

Day 10   /   /   /

♥

주님, 아침에 제 목소리 들어 주시겠기에 아침부터 당신께 청을 올리고 애틋이 기다립니다.

시편 5,4

1.

2.

3.

내 마음 기록하기

Day 11   /   /   /

♥

형제 여러분, 기뻐하십시오. 자신을 바로잡으십시오. 서로 격려하십시오. 서로 뜻을 같이하고 평화롭게 사십시오. 그러면 사랑과 평화의 하느님께서 여러분과 함께 계실 것입니다.

2코린 13,11

1.

2.

3.

내 마음 기록하기

Day 12　　　　/　　　/　　　/

♥

누구든지 자신을 높이는 이는 낮아지고 자신을 낮추는 이는 높아질 것이다.

루카 14,11

1.

2.

3.

내 마음 기록하기

Day 13   /   /   /

♥

하느님의 나라는 겨자씨와 같다. 땅에 뿌릴 때에는 세상의 어떤 씨앗보다도 작다. 그러나 땅에 뿌려지면 자라나서 어떤 풀보다도 커지고 큰 가지들을 뻗어, 하늘의 새들이 그 그늘에 깃들일 수 있게 된다.

마르 4,31-32

1.

2.

3.

내 마음 기록하기

Day 14   /   /   /

♥

여러분은 현세에 동화되지 말고 정신을 새롭게 하여 여러분 자신이 변화되게 하십시오. 그리하여 무엇이 하느님의 뜻인지, 무엇이 선하고 무엇이 하느님 마음에 들며 무엇이 완전한 것인지 분별할 수 있게 하십시오.

로마 12,2

1.

2.

3.

내 마음 기록하기

♥

감사는
마음이 겸손하다는 것이고,
우리가 가진 좋은 것들이
우리가 받은 은사임을
안다는 것입니다.

프란치스코 교황

Day 15   /   /   /

♥

주님, 당신께서는 저희에게 평화를 베푸십니다. 저희가 한 모든 일도 당신께서 저희를 위하여 이루신 것입니다.

이사 26,12

1.

2.

3.

내 마음 기록하기

Day 16   /   /   /

♥

청하여라, 너희에게 주실 것이다. 찾아라, 너희가 얻을 것이다. 문을 두드려라, 너희에게 열릴 것이다. 누구든지 청하는 이는 받고, 찾는 이는 얻고, 문을 두드리는 이에게는 열릴 것이다.

마태 7,7-8

1.

2.

3.

내 마음 기록하기

Day 17　　　　／　　　／　　　／

♥

나 주님께 바라네. 내 영혼이 주님께 바라며 그분 말씀에 희망을 두네. 파수꾼들이 아침을 기다리기보다 파수꾼들이 아침을 기다리기보다 내 영혼이 주님을 더 기다리네. 이스라엘아, 주님을 고대하여라, 주님께는 자애가 있고 풍요로운 구원이 있으니.

시편 130,5-7

1.

2.

3.

내 마음 기록하기

Day 18   /   /   /

♥

여러분과 여러분의 자녀들이 잘 지내고 여러분의 일이 뜻대로 이루어지고 있으면, 하늘에 희망을 두는 나로서는 하느님께 크게 감사할 따름입니다.

2마카 9,20

1.

2.

3.

내 마음 기록하기

Day 19   /   /   /

♥

누구든지 이 어린이를 내 이름으로 받아들이면 나를 받아들이는 것이다. 그리고 나를 받아들이는 사람은 나를 보내신 분을 받아들이는 것이다. 너희 가운데에서 가장 작은 사람이야말로 가장 큰 사람이다.

루카 9,48

1.

2.

3.

내 마음 기록하기

Day 20   /   /   /

♥

가르침을 받은 대로, 그분 안에 뿌리를 내려 자신을 굳건히 세우고 믿음 안에 튼튼히 자리를 잡으십시오. 그리하여 감사하는 마음이 넘치게 하십시오.

콜로 2,7

1.

2.

3.

내 마음 기록하기

Day21   /   /   /

♥

평화가 너희와 함께! 아버지께서 나를 보내신 것처럼 나도 너희를 보낸다.

요한 20,21

1.

2.

3.

내 마음 기록하기

♥

즐겁지 않은 환경에서
살거나 일한다면 어떻게 하죠?

기쁨을 다시 되살리는 지름길은
감사하는 마음을 굳건히 하는 것입니다.
고약한 상사나 까칠한 동료들과 함께
일하는 환경이라고요?
그렇다면 당신의 아이들이나
그 아이들의 웃음을 떠올려 볼 수 있습니다.
아니면 다가오는 휴가를 기대할 수도 있겠지요.
혹은 그저 살아 있다는 것에
감사할 수도 있습니다.
그렇다고 해서 직장에서의 문제가
모두 해결되지는 않겠지만
기쁨을 다시금 발견하는 데에는
도움이 될 것입니다.

제임스 마틴 신부의 《성자처럼 즐겨라!》 중에서

Day 22   /   /   /

♥

내가 주님의 이름을 부르면 너희는 우리 하느님께 영광을 드려라. 바위이신 그분의 일은 완전하고 그분의 모든 길은 올바르다. 진실하시고 불의가 없으신 하느님 의로우시고 올곧으신 분이시다.

신명 32,3-4

1.

2.

3.

내 마음 기록하기

Day 23   /   /   /

♥

주님, 당신께서는 모든 일에서 당신 백성을 들어 높이시고 영광스럽게 해 주셨으며 언제 어디에서나 그들을 도와주시는 일을 소홀히 하지 않으셨습니다.

지혜 19,22

1.

2.

3.

내 마음 기록하기

Day 24   /   /   /

♥

말이든 행동이든 무엇이나 주 예수님의 이름으로 하면서, 그분을 통하여 하느님 아버지께 감사를 드리십시오.

콜로 3,17

1.

2.

3.

내 마음 기록하기

Day25   /   /   /

♥

주님께서는 지혜를 주시고 그분 입에서는 지식과 슬기가 나온다. 그분께서는 올곧은 이들에게 주실 도움을 간직하고 계시며 결백하게 걸어가는 이들에게 방패가 되어 주신다.

잠언 2,6-7

1.

2.

3.

내 마음 기록하기

Day 26   /   /   /

♥

보라, 주님의 눈은 당신을 경외하는 이들에게, 당신 자애를 바라는 이들에게 머무르신다.

시편 33,18

1.

2.

3.

내 마음 기록하기

Day 27   /   /   /

♥

사랑받는 자녀답게 하느님을 본받는 사람이 되십시오. 그리스도께서 우리를 사랑하시고 또 우리를 위하여 당신 자신을 하느님께 바치는 향기로운 예물과 제물로 내놓으신 것처럼, 여러분도 사랑 안에서 살아가십시오.

에페 5,1-2

1.

2.

3.

내 마음 기록하기

Day 28   /   /   /

♥

과연 당신께서는 저를 멸망에서 구원하셨고 곤경의 날에 저를 건져 주셨습니다. 그러므로 제가 당신께 감사와 찬미를 드리고 주님의 이름을 찬양하오리다.

집회 51,12

1.

2.

3.

내 마음 기록하기

♥

만일 인생에 시련이나 고통이 없고,
외로움이나 슬픔도 없다면
하느님을 생각하는 사람은
없을 것입니다.
더구나 감사할 줄 아는 사람은
더더욱 없을 것입니다.

김수환 추기경

Day29   /   /   /

♥

선행과 나눔을 소홀히 하지 마십시오. 이러한 것들이 하느님 마음에 드는 제물입니다.

히브 13,16

1.

2.

3.

내 마음 기록하기

Day 30   /   /   /

♥

저는 알았습니다. 당신께서는 모든 것을 하실 수 있음을, 당신께는 어떠한 계획도 불가능하지 않음을!

욥 42,2

1.

2.

3.

내 마음 기록하기

Day31   /   /   /

♥

여러분 가운데에 누구든지 지혜가 모자라면 하느님께 청하십시오. 하느님은 모든 사람에게 너그럽게 베푸시고 나무라지 않으시는 분이십니다.

야고 1,5

1.

2.

3.

내 마음 기록하기

Day32   /   /   /

♥

주님께서는 당신의 모든 길에서 의로우시고 모든 행동에서 성실하시다. 주님께서는 당신을 부르는 모든 이에게, 당신을 진실하게 부르는 모든 이에게 가까이 계시다.

시편 145,17-18

1.

2.

3.

내 마음 기록하기

Day33   /   /   /

♥

하느님께서 우리의 피신처와 힘이 되시어 어려울 때마다 늘 도우셨기에 우리는 두려워하지 않네. 땅이 뒤흔들린다 해도 산들이 바다 깊은 곳으로 빠져 든다 해도 바닷물이 우짖으며 소용돌이치고 그 위력에 산들이 떤다 해도.

시편 46,2-4

1.

2.

3.

내 마음 기록하기

Day 34   /   /   /

♥

나는 세상의 빛이다. 나를 따르는 이는 어둠 속을 걷지 않고 생명의 빛을 얻을 것이다.

요한 8,12

1.

2.

3.

내 마음 기록하기

Day 35　　　／　　　／　　　／

♥

이제는 내가 사는 것이 아니라 그리스도께서 내 안에 사시는 것입니다. 내가 지금 육신 안에서 사는 것은, 나를 사랑하시고 나를 위하여 당신 자신을 바치신 하느님의 아드님에 대한 믿음으로 사는 것입니다.

갈라 2,20

1.

2.

3.

내 마음 기록하기

♥

묵상 끝에는 겸손한 마음으로
그대가 힘써 해야 할 세 가지 일이 있습니다.
첫째는 감사를 드리는 것입니다.
그대가 감동을 느끼고 결심하게 해 주신 것과
묵상 중에 깨달은 주님의 자비에 대해
하느님께 감사드려야 합니다.
둘째는 선하심과 자비하심,
아드님의 죽으심과 공로에 화합하는
그대의 결심을 하느님께 봉헌하는 것입니다.
셋째는 당신 아드님의 죽으심의 공로를
나누어 주시기를 간구하고,
그대의 결심에 축복하시어 이를 실천할 수 있게
해 주시기를 청해야 합니다.

프란치스코 살레시오 성인의 《신심 생활 입문》 중에서

Day 36　　　　／　　　／　　　／

♥

주님을 찬송하여라, 선하신 분이시다. 주님의 자애는 영원하시다.

시편 107,1

1.

2.

3.

내 마음 기록하기

Day37   /   /   /

♥

그분은 진리의 영이시다. 세상은 그분을 보지도 못하고 알지도 못하기 때문에 그분을 받아들이지 못하지만, 너희는 그분을 알고 있다. 그분께서 너희와 함께 머무르시고 너희 안에 계시기 때문이다.

요한 14,17

1.

2.

3.

내 마음 기록하기

Day 38   /   /   /

♥

인간이 마음으로 앞길을 계획하여도 그의 발걸음을 이끄시는 분은 주님이시다.

잠언 16,9

1.

2.

3.

내 마음 기록하기

Day 39   /   /   /

♥

너희는 가진 것을 팔아 자선을 베풀어라. 너희 자신을 위하여 해지지 않는 돈주머니와 축나지 않는 보물을 하늘에 마련하여라. 거기에는 도둑이 다가가지도 못하고 좀이 쏠지도 못한다. 사실 너희의 보물이 있는 곳에 너희의 마음도 있다.

루카 12,33-34

1.

2.

3.

내 마음 기록하기

Day 40   /   /   /

♥

하느님을 사랑하는 이들, 그분의 계획에 따라 부르심을 받은 이들에게는 모든 것이 함께 작용하여 선을 이룬다는 것을 우리는 압니다.

로마 8,28

1.

2.

3.

내 마음 기록하기

Day 41   /   /   /

♥

아무것도 걱정하지 마십시오. 어떠한 경우에든 감사하는 마음으로 기도하고 간구하며 여러분의 소원을 하느님께 아뢰십시오.

필리 4,6

1.

2.

3.

내 마음 기록하기

Day 42   /   /   /

♥

너희의 빛이 사람들 앞을 비추어, 그들이 너희의 착한 행실을 보고 하늘에 계신 너희 아버지를 찬양하게 하여라.

마태 5,16

1.

2.

3.

내 마음 기록하기

♥

주님은 우리에게
위대한 행위가 아니라
그저 헌신과 감사만을 원하십니다.
그분은 우리의 업적이 아니라
오로지 우리의 사랑만을
필요로 하십니다.

아기 예수의 데레사 성녀

Day 43   /   /   /

♥

두려워하지 마라. 내가 너를 지명하여 불렀으니 너는 나의 것이다.

이사 43,1

1.

2.

3.

내 마음 기록하기

Day 44   /   /   /

♥

어떤 집에 들어가거든 먼저 '이 집에 평화를 빕니다.' 하고 말하여라. 그 집에 평화를 받을 사람이 있으면 너희의 평화가 그 사람 위에 머무르고, 그렇지 않으면 너희에게 되돌아올 것이다.

루카 10,5-6

1.

2.

3.

내 마음 기록하기

Day 45   /   /   /

♥

내가 생명의 빵이다. 나에게 오는 사람은 결코 배고프지 않을 것이며, 나를 믿는 사람은 결코 목마르지 않을 것이다.

요한 6,35

1.

2.

3.

내 마음 기록하기

Day 46   /   /   /

♥

내일을 걱정하지 마라. 내일 걱정은 내일이 할 것이다. 그날 고생은 그날로 충분하다.

마태 6,34

1.

2.

3.

내 마음 기록하기

Day 47   /   /   /

♥

주님의 가르침을 좋아하고 그분의 가르침을 밤낮으로 되새기는 사람. 그는 시냇가에 심겨 제때에 열매를 내며 잎이 시들지 않는 나무와 같아 하는 일마다 잘되리라.

시편 1,2-3

1.

2.

3.

내 마음 기록하기

Day 48   /   /   /

♥

네가 할 수만 있다면 도와야 할 이에게 선행을 거절하지 마라.

잠언 3,27

1.

2.

3.

내 마음 기록하기

Day 49   /   /   /

♥

너희가 내 안에 머무르고 내 말이 너희 안에 머무르면, 너희가 원하는 것은 무엇이든지 청하여라. 너희에게 그대로 이루어질 것이다.

요한 15,7

1.

2.

3.

내 마음 기록하기

♥

제가 제 자신을 인정하는 것을
어려워한 순간에도
저를 기꺼이 받아 주신 당신께 감사드립니다.
제가 수많은 근심과 걱정으로,
늘 같은 문제로 힘겨워하면서
당신께 나아가더라도
결코 얼굴을 돌리지 않으시는
당신께 감사드립니다.
제 자신과 다른 사람들을
사랑할 수 있게 이끌어 주신
당신의 사랑에 깊이 감사드립니다.

안셀름 그륀 신부의 《감사》 중에서

Day 50   /   /   /

♥

모든 사람과 평화롭게 지내고 거룩하게 살도록 힘쓰십시오. 거룩해지지 않고는 아무도 주님을 뵙지 못할 것입니다.

히브 12,14

1.

2.

3.

내 마음 기록하기

Day51   /   /   /

♥

주님 안에서 즐거워하여라. 그분께서 네 마음이 청하는 바를 주시리라. 네 길을 주님께 맡기고 그분을 신뢰하여라. 그분께서 몸소 해 주시리라.

시편 37,4-5

1.

2.

3.

내 마음 기록하기

Day 52　　　　/　　　/　　　/

♥

믿음 안에 굳게 서 있으십시오. 용기를 내십시오. 힘을 내십시오. 여러분이 하는 모든 일이 사랑으로 이루어지게 하십시오.

1코린 16,13-14

1.

2.

3.

내 마음 기록하기

Day 53   /   /   /

♥

빛이 너희 가운데에 있는 것도 잠시뿐이다. 빛이 너희 곁에 있는 동안에 걸어가거라. 그래서 어둠이 너희를 덮치지 못하게 하여라.

요한 12,35

1.

2.

3.

내 마음 기록하기

Day54   /   /   /

♥

당신께서는 땅을 찾아오셔서 물로 넘치게 하시어 더없이 풍요롭게 하십니다. 하느님의 개울은 물로 가득하고 당신께서는 곡식을 장만하십니다. 정녕 당신께서 이렇게 마련해 주십니다.

시편 65,10

1.

2.

3.

내 마음 기록하기

Day55   /   /   /

♥

내가 세상 끝 날까지 언제나 너희와 함께 있겠다.

마태 28,20

1.

2.

3.

내 마음 기록하기

Day 56   /   /   /

♥

그리스도의 말씀이 여러분 가운데에 풍성히 머무르게 하십시오. 지혜를 다하여 서로 가르치고 타이르십시오. 감사하는 마음으로 하느님께 시편과 찬미가와 영가를 불러 드리십시오.

콜로 3,16

1.

2.

3.

내 마음 기록하기

♥

우리는 성공했을 때
깊은 감사의 마음으로
모든 영광을
하느님께 돌려야 합니다.

반면에 실패했을 때라도
최선을 다했다면
낙담해서는 안 됩니다.

최선을 다했다면,
하느님의 눈에 그 일은 결코
실패한 것이 아니니까요.

마더 데레사 성녀

Day 57   /   /   /

♥

당신의 자애가 생명보다 낫기에 제 입술이 당신을 찬미합니다. 이렇듯 제 한평생 당신을 찬미하고 당신 이름 부르며 저의 두 손 들어 올리오리다.

시편 63,4-5

1.

2.

3.

내 마음 기록하기

Day 58   /   /   /

♥

여러분도 기도로 우리를 도와주십시오. 그리하면 많은 이들의 기도 덕분에 우리에게 내린 은사를 보고, 많은 사람이 우리 때문에 감사를 드리게 될 것입니다.

2코린 1,11

1.

2.

3.

내 마음 기록하기

Day 59   /   /   /

♥

고생하며 무거운 짐을 진 너희는 모두 나에게 오너라. 내가 너희에게 안식을 주겠다. 나는 마음이 온유하고 겸손하니 내 멍에를 메고 나에게 배워라. 그러면 너희가 안식을 얻을 것이다.

마태 11,28-29

1.

2.

3.

내 마음 기록하기

Day 60   /   /   /

♥

하느님께서 창조하신 것은 다 좋은 것으로, 감사히 받기만 하면 거부할 것이 하나도 없습니다.

1티모 4,4

1.

2.

3.

내 마음 기록하기

Day 61   /   /   /

♥

주님, 저희 위에 당신 얼굴의 빛을 비추소서. 저들이 곡식과 햇포도주로 푸짐할 때보다 더 큰 기쁨을 당신께서는 제 마음에 베푸셨습니다.

시편 4,7-8

1.

2.

3.

내 마음 기록하기

Day 62   /   /   /

♥

가난한 이에게 자비를 베푸는 사람은 주님께 꾸어 드리는 이 그분께서 그의 선행을 갚아 주신다.

잠언 19,17

1.

2.

3.

내 마음 기록하기

Day 63   /   /   /

♥

네 근심을 주님께 맡겨라. 그분께서 너를 붙들어 주시리라. 의인이 흔들림을 결코 내버려 두지 않으시리라.

시편 55,23

1.

2.

3.

내 마음 기록하기

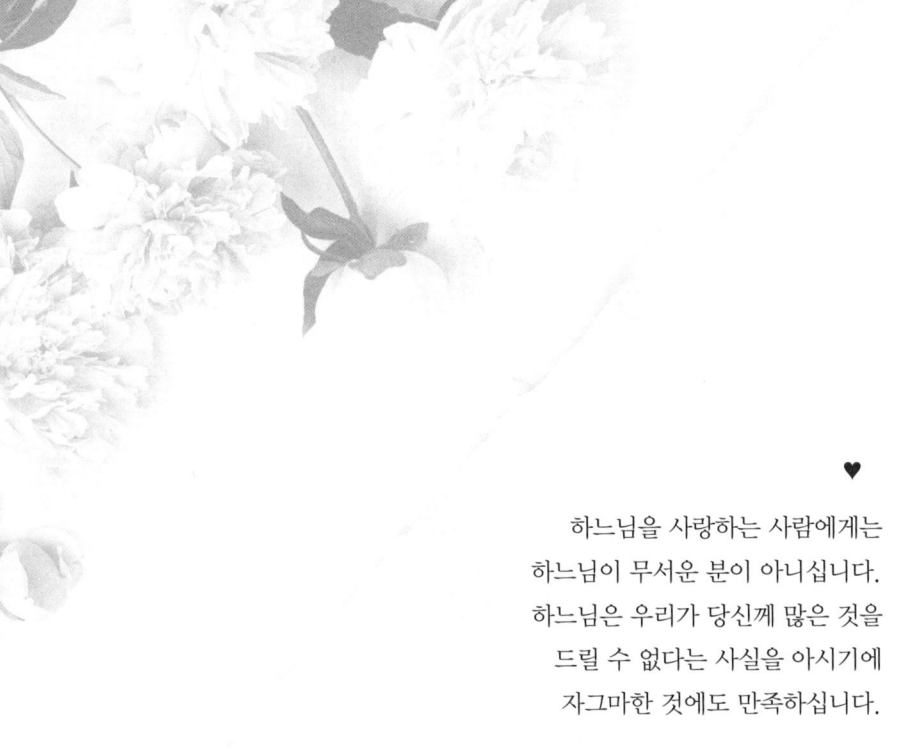

♥

하느님을 사랑하는 사람에게는
하느님이 무서운 분이 아니십니다.
하느님은 우리가 당신께 많은 것을
드릴 수 없다는 사실을 아시기에
자그마한 것에도 만족하십니다.

프란치스코 살레시오 성인의 《365일의 잠언》 중에서

Day 64   /   /   /

♥

너희가 서서 기도할 때에 누군가에게 반감을 품고 있거든 용서하여라. 그래야 하늘에 계신 너희 아버지께서도 너희의 잘못을 용서해 주신다.

마르 11,25

1.

2.

3.

내 마음 기록하기

Day 65   /   /   /

♥

우리가 한 몸 안에 많은 지체를 가지고 있지만 그 지체가 모두 같은 기능을 하고 있지 않듯이, 우리도 수가 많지만 그리스도 안에 한 몸을 이루면서 서로서로 지체가 됩니다.

로마 12,4-5

1.

2.

3.

내 마음 기록하기

Day 66   /   /   /

♥

남이 너희에게 해 주기를 바라는 그대로 너희도 남에게 해 주어라.

마태 7,12

1.

2.

3.

내 마음 기록하기

Day 67   /   /   /

♥

저는 압니다, 주님께서 가련한 이에게 정의를 베푸시고 불쌍한 이에게 권리를 되찾아 주심을.

시편 140,13

1.

2.

3.

내 마음 기록하기

Day 68　　　　/　　　　/　　　　/

♥

누구든지 그분의 말씀을 지키면, 그 사람 안에서는 참으로 하느님 사랑이 완성됩니다. 그것으로 우리가 그분 안에 있음을 알게 됩니다.

1요한 2,5

1.

2.

3.

내 마음 기록하기

Day 69   /   /   /

♥

주님께 감사 노래 불러라. 우리 하느님께 비파 타며 찬미 노래 불러라. 주님께서는 당신을 경외하는 이들을, 당신 자애에 희망을 두는 이들을 좋아하신다.

시편 147,7.11

1.

2.

3.

내 마음 기록하기

Day 70   /   /   /

♥

보라, 하느님은 나의 구원. 신뢰하기에 나는 두려워하지 않는다. 주님은 나의 힘, 나의 굳셈. 나에게 구원이 되어 주셨다.

이사 12,2

1.

2.

3.

내 마음 기록하기

♥

당신의 삶을 통해 바치는
유일한 기도가
"하느님, 감사합니다."로 이루어져 있다면,
이미 그것으로 충분합니다.

마이스터 에크하르트

Day 71 /   /   /

♥

누가 누구에게 불평할 일이 있더라도 서로 참아 주고 서로 용서해 주십시오. 주님께서 여러분을 용서하신 것처럼 여러분도 서로 용서하십시오. 이 모든 것 위에 사랑을 입으십시오. 사랑은 완전하게 묶어 주는 끈입니다.

콜로 3,13-14

1.

2.

3.

내 마음 기록하기

Day 72   /   /   /

♥

주님을 찾았더니 내게 응답하시고 온갖 두려움에서 나를 구하셨네.

시편 34,5

1.

2.

3.

내 마음 기록하기

Day 73   /   /   /

♥

여러분은 먹든지 마시든지, 그리고 무슨 일을 하든지 모든 것을 하느님의 영광을 위하여 하십시오.

1코린 10,31

1.

2.

3.

내 마음 기록하기

Day 74   /   /   /

♥

하느님의 나라는 눈에 보이는 모습으로 오지 않는다. 또 '보라, 여기에 있다.', 또는 '저기에 있다.' 하고 사람들이 말하지도 않을 것이다. 보라, 하느님의 나라는 너희 가운데에 있다.

루카 17,20-21

1.

2.

3.

내 마음 기록하기

Day 75   /   /   /

♥

사람은 빵만으로 살지 않고 하느님의 입에서 나오는 모든 말씀으로 산다.

마태 4,4

1.

2.

3.

내 마음 기록하기

Day 76   /   /   /

♥

주님, 제가 백성들 가운데에서 당신을 찬송하고 겨레들 가운데에서 당신을 노래하리니 당신의 자애가 하늘까지, 당신의 진실이 구름까지 닿도록 크시기 때문입니다.

시편 57,10-11

1.

2.

3.

내 마음 기록하기

Day 77   /   /   /

♥

희망은 우리를 부끄럽게 하지 않습니다. 우리가 받은 성령을 통하여 하느님의 사랑이 우리 마음에 부어졌기 때문입니다.

로마 5,5

1.

2.

3.

내 마음 기록하기

♥

나의 인생관은
모든 것을 감사함으로 받고
당연한 것으로 여기지 않도록
연습하는 것입니다.

G. K. 체스터턴

Day 78   /   /   /

♥

그리스도의 평화가 여러분의 마음을 다스리게 하십시오. 여러분은 또한 한 몸 안에서 이 평화를 누리도록 부르심을 받았습니다. 감사하는 사람이 되십시오.

콜로 3,15

1.

2.

3.

내 마음 기록하기

Day 79   /   /   /

♥

주님께 바라고 바랐더니 나에게 몸을 굽히시고 내 외치는 소리를 들으시어 나를 멸망의 구덩이에서, 오물 진창에서 들어 올리셨네. 반석 위에 내 발을 세우시고 내 발걸음을 든든하게 하셨네.

시편 40,2-3

1.

2.

3.

내 마음 기록하기

Day 80   /   /   /

♥

그들이 모두 하나가 되게 해 주십시오. 아버지, 아버지께서 제 안에 계시고 제가 아버지 안에 있듯이, 그들도 우리 안에 있게 해 주십시오.

요한 17,21

1.

2.

3.

내 마음 기록하기

Day 81   /   /   /

♥

당신 말씀을 발견하고 그것을 받아먹었더니 그 말씀이 제게 기쁨이 되고 제 마음에 즐거움이 되었습니다. 주 만군의 하느님 제가 당신의 것이라 불리기 때문입니다.

예레 15,16

1.

2.

3.

내 마음 기록하기

Day 82 / / /

♥

네가 나의 눈에 값지고 소중하며 내가 너를 사랑하기 때문이다.

이사 43,4

1.

2.

3.

내 마음 기록하기

Day83   /   /   /

♥

내가 진실로 진실로 너희에게 말한다. 나를 믿는 사람은 내가 하는 일을 할 뿐만 아니라, 그보다 더 큰 일도 하게 될 것이다. 내가 아버지께 가기 때문이다.

요한 14,12

1.

2.

3.

내 마음 기록하기

Day 84   /   /   /

♥

너희는 원수를 사랑하여라. 그리고 너희를 박해하는 자들을 위하여 기도하여라.

마태 5.44

1.

2.

3.

내 마음 기록하기

당신은 세례받은 사람들 안에서
그리스도의 사랑 안에 머물라는
그분의 강한 부르심을 들었고,
마음 깊이 응답했습니다.
당신은 그분께 속해 있으니
이제부터 하느님의 영원한 사랑에
감사하십시오.

요한 바오로 2세 성인 교황

Day85   /   /   /

♥

너희가 기도하며 청하는 것이 무엇이든 그것을 이미 받은 줄로 믿어라. 그러면 너희에게 그대로 이루어질 것이다.

마르 11,24

1.

2.

3.

내 마음 기록하기

Day 86   /   /   /

♥

하느님께 가까이 가십시오. 그러면 하느님께서 여러분에게 가까이 오실 것입니다.

야고 4,8

1.

2.

3.

내 마음 기록하기

Day 87   /   /   /

♥

주님께 감사하여라, 그 자애를 사람들을 위한 그 기적들을. 그분께서는 목마른 이에게 물을 먹이시고 배고픈 이를 좋은 것으로 채우셨다.

시편 107,8-9

1.

2.

3.

내 마음 기록하기

Day 88   /   /   /

♥

네가 물 한가운데를 지난다 해도 나 너와 함께 있고 강을 지난다 해도 너를 덮치지 않게 하리라.

이사 43,2

1.

2.

3.

내 마음 기록하기

Day 89   /   /   /

♥

감사하는 마음으로 기도하면서 깨어 있으십시오.

콜로 4,2

1.

2.

3.

내 마음 기록하기

Day 90   /   /   /

♥

아버지, 하늘과 땅의 주님, 지혜롭다는 자들과 슬기롭다는 자들에게는 이것을 감추시고 철부지들에게는 드러내 보이시니, 아버지께 감사를 드립니다. 그렇습니다, 아버지! 아버지의 선하신 뜻이 이렇게 이루어졌습니다.

루카 10,21

1.

2.

3.

내 마음 기록하기

Day 91　　　　／　　　／　　　／

♥

나는 밤낮으로 기도할 때마다 끊임없이 그대를 생각하면서, 내가 조상들과 마찬가지로 깨끗한 양심으로 섬기는 하느님께 감사를 드립니다.

2티모 1,3

1.

2.

3.

내 마음 기록하기

♥

주님,
당신이 제게 주시기를 원하시는 것이면
무엇이든 저는 당신을 위하여
기꺼이 견뎌 내겠습니다.
좋거나, 싫거나, 달거나, 쓰거나,
즐겁거나, 슬픈 모든 것을 가리지 않고
모두 다 당신에게서만 받고자 하고,
제가 당하는 모든 일에 감사하고자 합니다.
모든 죄악에서 저를 지켜 주신다면
지옥이든 죽음이든
하나도 두려울 것이 없을 것입니다.

토마스 아 켐피스의 《준주성범》 중에서

Day 92   /   /   /

♥

주님을 경배하는 이들아, 모두 신들의 신을 찬미하여라. 그분을 찬송하고 그분께 감사하여라. 그분의 자비는 영원하시다.

다니 3,90

1.

2.

3.

내 마음 기록하기

Day 93　　　/　　　/　　　/

♥

나에게 힘을 주시는 분 안에서 나는 모든 것을 할 수 있습니다.

필리 4,13

1.

2.

3.

내 마음 기록하기

Day 94   /   /   /

♥

보라, 이분은 우리의 하느님이시다. 우리는 이분께 희망을 걸었고 이분께서는 우리를 구원해 주셨다.

이사 25,9

1.

2.

3.

내 마음 기록하기

Day 95   /   /   /

♥

모든 일에 감사하십시오. 이것이 그리스도 예수님 안에서 살아가는 여러분에게 바라시는 하느님의 뜻입니다.

1테살 5,18

1.

2.

3.

내 마음 기록하기

Day 96   /   /   /

♥

감사드리며 그분 앞으로 나아가세. 노래하며 그분께 환성 올리세.

시편 95,2

1.

2.

3.

내 마음 기록하기

Day 97　　　　/　　　/　　　/

♥

모든 것이 그러하더라도 주 우리 하느님께 감사를 드립시다. 그분께서는 우리 조상들에게 하신 것처럼 지금 우리도 시험하고 계십니다.

유딧 8,25

1.

2.

3.

내 마음 기록하기

Day 98   /   /   /

♥

아버지, 제 말씀을 들어 주셨으니 아버지께 감사드립니다. 아버지께서 언제나 제 말씀을 들어 주신다는 것을 저는 알고 있습니다.

요한 11,41-42

1.

2.

3.

내 마음 기록하기

Day 99 　　　/　　　/　　　/

♥

이 모든 것은 다 여러분을 위한 것입니다. 그리하여 은총이 점점 더 많은 사람에게 퍼져 나가 하느님의 영광을 위하여 감사하는 마음이 넘치게 하려는 것입니다.

2코린 4,15

1.

2.

3.

내 마음 기록하기

Day100   /   /   /

♥

이 복음은 여러분에게 다다라 여러분이 그 진리 안에서 하느님의 은총을 듣고 깨달은 날부터, 온 세상에서 그러하듯이 여러분에게서도 열매를 맺으며 자라고 있습니다.

콜로 1,6

1.

2.

3.

내 마음 기록하기

♥

아버지,
이 몸을 당신께 바치오니
좋으실 대로 하십시오.
저를 어떻게 하시든지 감사드릴 뿐,
저는 무엇에나 준비되어 있고
무엇이나 받아들이겠습니다.
아버지의 뜻이
저와 모든 피조물 위에 이루어진다면
이 밖의 다른 것은 아무것도
바라지 않습니다.
제 영혼을 당신 손에 도로 드립니다.
당신을 사랑하옵기에
이 마음의 사랑을 다하여
하느님께 제 영혼을 바치옵니다.
당신은 제 아버지시기에
끝없이 믿으며
남김없이 이 몸을 드리고
당신 손에 맡기는 것이
어쩔 수 없는 저의 사랑입니다.
아멘.

샤를 드 푸코 성인

오늘 감사 노트

2016년 10월 12일 교회 인가
2016년 12월 10일 초판 1쇄 펴냄
2024년 8월 6일 초판 15쇄 펴냄

지은이 · 가톨릭출판사 편집부
펴낸이 · 정순택
펴낸곳 · 가톨릭출판사
편집 겸 인쇄인 · 김대영
편집 · 박다솜, 강서윤, 김소정, 김지영
디자인 · 강해인, 이경숙, 송현철, 정호진
마케팅 · 안효진, 황희진

본사 · 서울특별시 중구 중림로 27
등록 · 1958. 1. 16. 제2-314호
전자우편 · edit@catholicbook.kr
전화 · 1544-1886(대표 번호)
지로번호 · 3000997

ISBN 978-89-321-1466-8 03230

값 11,000원

성경 © 한국천주교중앙협의회.

이 책은 저작권법에 의해 보호를 받는 저작물이므로 무단 전재와 무단 복제를 금합니다.

가톨릭의 모든 도서와 성물을 '가톨릭출판사 인터넷쇼핑몰'에서 만나 보실 수 있습니다.
http://www.catholicbook.kr | (02)6365-1888(구입 문의)